TEST A TEST

JALOUX MOI ? JAMAIS !

Illustrations de Michel Coudeyre

Millepages

ISBN 2-84218-065-8
Loi n° 49-956 du 16 juillet 1949
sur les publications destinées à la jeunesse

Sommaire

Introduction p. 5

La jalousie est un vilain défaut p. 6

Un jaloux sachant jalouser p. 8

Ceci est un enfant jaloux p. 10

Variations sur le thème de la jalousie p. 14

Regards de parents : vrai ou faux ? p. 18

Graine de jaloux p. 20

Contes de la jalousie p. 24

Je suis amoureux, donc je suis jaloux p. 26

Un animal jaloux, des animaux jaloux p. 28

Manuel de survie pour les jaloux p. 30

Petite bibliographie à l'intention des jaloux p. 32

Test : Je suis jaloux... un peu, beaucoup, pas du tout ! p. 33

Introduction

Il a une plus jolie montre que moi...
Elle a de bien meilleures notes en maths...
Mais pourquoi mes parents s'occupent-ils plus de mon petit frère ?

Tu t'es peut-être déjà dit ce genre de choses ? Alors, pas de doute possible, tu as déjà été jaloux. Pourquoi avoir envie d'un objet qui ne nous appartient pas ou jalouser quelqu'un parce qu'on le trouve mieux que nous ? Tu en sauras plus en lisant ce qui suit.

Tu as certainement déjà été jaloux, n'est-ce pas ? Mais sais-tu qu'il y a plusieurs manières de l'être ?

La jalousie est un vilain défaut

Tu peux être jaloux d'une chose dont tu as envie et qui ne t'appartient pas, ou d'une personne quand tu penses qu'on la préfère à toi ou quand tu la trouves mieux que toi.

Jaloux vient du grec **zêlos** qui signifie empressement. **Zêlos** a donné aussi le mot zèle qui est soit positif (au sens d'enthousiasme), soit négatif (au sens d'excès, comme dans «faire du zèle»).

L'adjectif jaloux est apparu avant le nom jalousie. Il signifie alors «qui désire vivement quelque chose», mais aussi «qui est très attaché à une chose, un avantage».

Un jaloux peut aussi être : envieux, cupide, avide.

La jalousie peut se décliner en : convoitise, désir, envie, rivalité, concurrence, émulation, dépit.

▸ convoitise vient du latin **cupere** (désirer). C'est la même origine que le nom Cupidon, qui désigne le dieu de l'amour. Dans la même famille, on retrouve l'adjectif cupide qui décrit une personne qui aime l'argent.

▸ avide est un adjectif dérivé du latin **avere** qui signifiait désirer vivement. La même racine a servi à créer l'adjectif avare.

Les expressions qui évoquent la jalousie utilisent souvent des mots qui décrivent à quel point cette émotion est forte.

Un jaloux sachant jalouser

Crever de jalousie : exprime la violence du sentiment qui est tellement fort qu'il pourrait tuer.

Etre jaloux comme un tigre : il n'est pas sûr que le tigre soit le plus jaloux des animaux – encore faudrait-il que les animaux sauvages éprouvent ce sentiment. Cette expression fait référence à la sauvagerie (réelle ou supposée) du tigre qui servirait de modèle à une jalousie extrême.

Etre vert de jalousie : comme pour la plupart des émotions et des sentiments, la jalousie est attachée à une couleur, en l'occurrence le vert. Pourquoi ? Certainement parce qu'il s'agit d'une couleur, comme le blanc, qui évoque un visage d'où le sang s'est retiré (d'ailleurs, ne dit-on pas également vert de rage ou vert de peur ?).

Tu as peut-être aussi entendu des phrases comme «il est jaloux de son confort» ou «elle est jalouse de sa liberté». Cela veut dire que certaines personnes ont des avantages qu'elles veulent garder à tout prix.

La jalousie est l'un des premiers sentiments que connaît le bébé.

Ceci est un enfant jaloux

La jalousie peut prendre des formes diverses dès ses premières manifestations, vers un an et demi - deux ans.

Voir un autre recevoir des avantages, qu'il s'agisse d'objets (des jouets, des bonbons) ou de sentiments (marques d'affection) déclenche parfois une grande souffrance : la jalousie correspond à un mélange de colère, de peur et de tristesse.

De qui est-on jaloux quand on est un petit enfant ? Principalement de son frère ou de sa sœur. Lorsqu'il (ou elle) est plus jeune, la crainte de ne plus être aimé des parents est à l'origine de la jalousie, comme si le nouvel arrivant allait prendre toute la place dans leur cœur. Les tout-petits, par exemple, peuvent se mettre à hurler simplement en voyant leur maman prendre un autre enfant dans ses bras !

S'il s'agit d'un plus âgé, la rivalité est déclenchée par les avantages réels ou supposés dus à l'âge.

Pourquoi est-on particulièrement jaloux pendant l'enfance ? Cela est dû au fait que, durant les trois premières années de la vie, l'enfant apprend petit à petit à faire la différence entre lui et les autres. A la fin de cette période, il comprend qu'il est quelqu'un d'unique et que personne ne peut être identique à lui. Les objets qu'il possède l'aident à se sentir plus sûr de lui : «ce qui est à moi, est moi». C'est pour cela que partager est si difficile.

La jalousie est connue depuis très longtemps puisque l'on en trouve des exemples dans les histoires les plus anciennes.

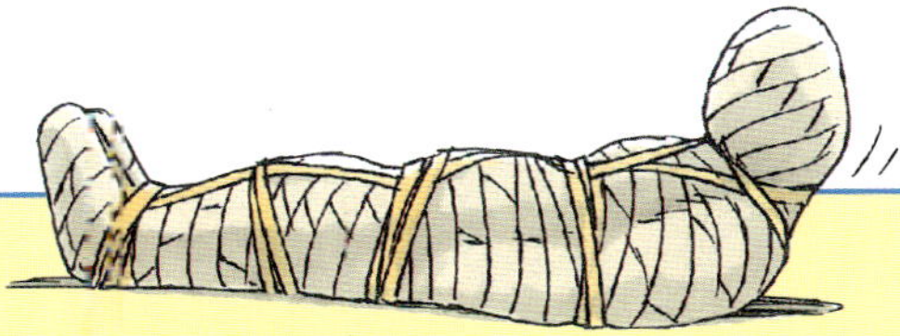

Jaloux de frère en frère

Abel et Caïn : Abel et Caïn, dans les récits de la Bible, sont les deux fils d'Adam et Eve. Caïn, jaloux de son cadet, l'assassine. Il sera alors condamné à errer toute sa vie.

Osiris et Seth : Une légende égyptienne raconte qu'Osiris, roi d'Egypte, est jalousé par son frère Seth. Celui-ci le tue et le découpe en morceaux. Sa femme Isis rassemblera ses morceaux pour en faire la première momie. Il régnera désormais sur le royaume des morts.

Voici quelques exemples de scénarios dans lesquels un enfant est jaloux de son cadet ou de sa cadette (petit frère ou petite sœur). Cela te rappellera peut-être des souvenirs...

Variations sur le thème de la jalousie

Scénario n° 1 : Jérémy se comporte comme son petit frère, en pensant qu'ainsi il va avoir les mêmes avantages. Il était propre, il fait de nouveau dans sa culotte, il prenait son bol de chocolat le matin, il veut de nouveau boire au biberon. Il veut aussi, bien sûr, s'endormir dans les bras de sa maman.

Scénario n° 2 : Mélanie est insupportable, elle exige d'avoir un autre jouet, un autre bonbon que celui que ses parents lui donnent. En fait, sans le savoir, elle les met à l'épreuve, elle teste leurs sentiments. Tant que ses parents cèdent à ses caprices, elle est rassurée car elle se dit qu'ils tiennent encore à elle.

Scénario n° 3 : Vincent devient très méchant avec ses parents, car il les rend responsables de l'arrivée du petit bébé. Il souffre de devoir partager ses parents et pense qu'il n'a pas le droit de le dire. Alors, il fait des bêtises, il devient désobéissant.

Scénario n° 4 : Marion a de vilaines pensées à propos de sa cadette, mais elle n'ose pas les exprimer, si ce n'est par l'imagination (en inventant toutes sortes de vengeances).

Par contre, comme elle se sent coupable, elle va, sans s'en rendre compte, essayer de cacher sa jalousie : elle travaille mal en classe, elle dort mal, elle devient méchante... mais jamais envers le bébé.

Pourtant, quand on est jaloux de son cadet, on se sent en même temps responsable et on sait qu'on doit le protéger.

Si on est insupportable, ce n'est pas forcément avec le bébé mais pour attirer l'attention des adultes, quitte à ce qu'ils se fâchent. On préfère même être fessé car, après tout, cela veut bien dire que nos parents s'intéressent toujours à nous, ce qui n'exclut pas que nous nous vengions plus tard sur d'autres «victimes».

Quelles étaient celles que tu choisissais quand tu étais petit ?

Je me vengeais en général sur :

❒ mes parents
❒ ma poupée
❒ mon ours en peluche
❒ mes affaires d'école
❒ les jouets du bébé
❒ des objets appartenant à mes parents

Voici quelques petites questions à poser à tes parents.

Regards de parents : vrai ou faux ?

✓ La jalousie entre frère(s) et sœur(s) est très mal ressentie par les parents. Vrai ou faux ?

Vrai. Non seulement parce qu'elle crée des disputes entre les enfants mais aussi parce qu'on considère que les bonnes relations dans une famille sont importantes : les enfants «doivent» aimer leurs parents mais aussi s'aimer entre eux.

✓ La jalousie n'est pas un sentiment normal. Vrai ou faux ?

Faux. Il est normal qu'un aîné jalouse le nouveau-né, ce qui ne l'empêche pas de l'aimer aussi.

✓ La jalousie est un défaut, un mauvais sentiment qu'il faut éliminer. Vrai ou faux ?

Vrai et faux. La jalousie est aussi un sentiment douloureux qui fait souffrir. De plus, on peut y voir des aspects positifs : la jalousie aide l'enfant à mieux se comprendre, et à développer sa personnalité, à faire la différence avec les autres.

Mais tu n'es pas seulement jaloux parce que tu as des frères et sœurs. Il y a toutes sortes de raisons d'être jaloux, principalement des camarades.

Graine de jaloux

N'importe quelle raison peut faire naître la jalousie, tout ce que l'autre possède et que tu considères ne pas avoir ou en moins bien.

Il s'agit indifféremment de caractéristiques physiques (tu envies la beauté ou le poids de ta meilleure amie), d'objets (tu trouves que ses jouets ou ses vêtements sont mieux que les tiens), ou de talents (elle est décidément plus douée que toi en gymnastique ou en peinture !).

Quand tu es jaloux de ton copain qui a une superbe bicyclette rouge, c'est parce que tu imagines tout le plaisir qu'il a à en faire et que

tu aimerais bien être à sa place. Tu as l'impression que tu serais bien plus heureux si tu avais cette bicyclette, au lieu de la tienne, qui pourtant marche aussi bien...

C'est vrai qu'il doit être très agréable de posséder un beau vélo quand on n'en a pas, ou quand on ne dispose que d'un vieux modèle qui ne plaît plus. Mais peut-être pourrais-tu te dire que toi aussi tu possèdes des choses que ton camarade n'a pas et qu'il rêverait d'avoir. En cherchant bien, tu trouveras sûrement.

Tu peux aussi te dire qu'il est normal d'avoir envie de quelque chose et qu'après tout tu finiras bien, un jour ou l'autre, par avoir un nouveau vélo. Il suffit d'un peu de patience.

Pourquoi éprouves-tu cette jalousie ? Parce que tu es frustré et que tu es persuadé que tu serais bien plus heureux si on te donnait ce qui te fait envie.

Attention à ce que cela ne t'arrive pas trop souvent car cela peut devenir systématique : une envie en entraîne une autre !

Essaie plutôt de savoir quels sont tes vrais désirs pour avoir la force de les réaliser.

Quand on grandit, la jalousie que l'on éprouve traduit toujours le désir que l'on a d'être à la place d'une autre personne : on a envie de profiter de ce qu'elle a, de ce qu'elle fait. Cela prouve que l'on manque de confiance en soi : on pense tout le temps que ce que l'on est, ce que l'on a ou ce que l'on fait est toujours moins bien.

La jalousie est un sentiment que de nombreux auteurs ont traité dans les livres pour enfants. A les en croire, cela concernerait surtout les filles !

Contes de la jalousie

Le plus souvent, une sœur ou une marâtre est jalouse de l'héroïne, belle et bonne. L'histoire se termine généralement bien pour les victimes de ces jalousies. En voici quelques-unes

✓ **Cendrillon (Perrault) :** elle est jalousée par ses deux sœurs qui lui mènent la vie dure. Elle épousera un prince charmant.

✓ **Blanche Neige :** elle est jalousée par sa marâtre pour sa beauté et vivra auprès des sept nains. Elle épousera un prince charmant.

«Un jour, le miroir répondit : "Ô reine, tu es très belle. Mais Blanche Neige est la plus belle en ce royaume."
En entendant ces mots, la reine devint pâle de rage et de jalousie.»

✓ **La Belle et la Bête (Madame Leprince de Beaumont) :** Une jeune femme est contrainte de vivre auprès d'une Bête pour sauver son père de la mort. Heureusement pour elle, la Bête se transformera en prince charmant.

«... et on ne l'appelait, quand elle était petite, que la Belle Enfant ; en sorte que le nom lui en resta, ce qui donna beaucoup de jalousie à ses sœurs.»

De même, certaines fables de La Fontaine illustrent les conséquences de la jalousie. Par exemple, le paon qui envie la beauté du chant du rossignol est menacé de se faire ôter son beau plumage, tandis que la grenouille, qui essaie de devenir aussi grosse que le bœuf, finit par éclater.

La jalousie accompagne souvent les relations amoureuses ou amicales. Elle traduit le plus souvent un manque de confiance en soi et en l'autre.

Je suis amoureux, donc je suis jaloux

La jalousie concerne aussi les relations amicales : tu peux être fâché de voir ton meilleur ami avoir de très bonnes relations avec d'autres personnes. Pourtant, de même que tes parents ne t'aimaient pas moins parce que tu avais un petit frère, le fait d'avoir d'autres amis ne retire rien à l'amitié qu'on te porte.

Pour les plus grands, la jalousie naît quand on est amoureux : on a alors peur que celui ou celle que l'on aime nous quitte pour quelqu'un d'autre. On a également peur de paraître moins intéressant et de souffrir de la comparaison avec d'autres : «si il (elle) parle, s'amuse, se promène, va au cinéma... avec d'autres, c'est qu'il (elle) préfère être avec d'autres plutôt qu'avec moi, donc qu'il (elle) ne m'aime pas (plus)...»

Chez les adultes, la jalousie peut être explosive (on se met en colère, on casse des objets, on se donne des coups !) ou au contraire silencieuse (on pleure, on rumine). Lorsqu'un amoureux est jaloux, il peut devenir méfiant ou méchant, posant des questions et faisant des reproches. Ainsi, lorsqu'elle devient maladive, la jalousie est insupportable pour celui qui la subit.

Les animaux très proches de l'homme peuvent avoir des réactions de jalousie. Voici l'expérience qu'un psychologue (Henri Wallon) a fait avec ses deux chiens.

Un animal jaloux, des animaux jaloux

Le maître caresse la chienne, tandis que le chien les regarde. Le chien a l'air tout content comme s'il était lui-même caressé. Autrement dit, il s'identifie à la chienne.

La chienne apprécie d'être caressée, d'autant plus qu'elle a un spectateur.

Maintenant, c'est le chien qui est caressé. Il en ressent du plaisir alors que la chienne ne supporte pas de le voir recevoir ces caresses dont elle profitait quelques minutes auparavant. Exaspérée, elle se jette sur le chien pour le mordre : elle est jalouse.

La chienne, spectatrice, veut en même temps bénéficier des caresses. Sa frustration est due à la déception de ne pas ressentir ce qu'une telle scène lui rappelle. Bien entendu, le chien aurait très bien pu avoir cette réaction à la place de la chienne.

La jalousie animale s'observe surtout chez les animaux domestiques, élevés au contact de l'homme. Cette jalousie peut être à l'origine d'accidents graves comme en rapportent les journaux dans la rubrique «faits divers» : un chien s'attaque au bébé de la famille, ne supportant pas de partager une place qu'il considérait exclusivement comme la sienne.

Voici quelques astuces indispensables à utiliser dès que tu sens la jalousie t'envahir.

Manuel de survie pour les jaloux

✓ Choisis un ou plusieurs objets sur lesquels tu peux passer ta colère provoquée par la jalousie.

✓ Prends des photos des choses qui t'appartiennent et que tu aimes. Tu les regarderas chaque fois que tu es jaloux de ce qu'un autre possède.

✓ Fais quelques copies de tes bonnes notes scolaires, tu les consulteras en te disant que tu en sais décidément bien plus que ton petit frère ou ta petite sœur.

✓ Si c'est de ton grand frère ou de ta grande sœur que tu es jaloux, dresse une liste de tous les avantages que ton âge te procure.

Petite bibliographie à l'intention des jaloux

• **Histoires merveilleuses des cinq continents, tome 3 : Amours et jalousie** •
Ré et Philippe Soupault, Pocket, 1997

• **Jaloux pas jaloux** •
Catherine Dolto-Tolitch, Gallimard, 1996

• **Je veux des cadeaux** •
Kéthévane Davrichewy, Ecole des loisirs, 1998

• **Aliocha, cheval des steppes** •
Jackie Landreaux-Valabregue, Hachette, 1998

Je suis jaloux... un peu, beaucoup, pas du tout !

Pour ne pas abîmer ton livre, nous te conseillons de reporter les symboles de tes réponses sur une feuille de papier brouillon.

● souvent ▲ pas souvent ■ jamais

Jalousie entre frères et sœurs

Les situations qui me rendent jaloux :

1 Quand je dois laisser ma place (à table, au cinéma, en voiture...) à mon frère (ma sœur). ● ▲ ■

2 Quand je dois faire quelque chose pour mon frère (ma sœur). ● ▲ ■

3 Quand je dois faire quelque chose à la place de mon frère (ma sœur). ● ▲ ■

4 Quand on me compare (en mal) à mon frère (ma sœur). ● ▲ ■

5 Quand on me critique devant mon frère (ma sœur). ● ▲ ■

6 Quand on me donne des ordres devant mon frère (ma sœur). ● ▲ ■

7 Lorsqu'on ne s'intéresse pas à moi en présence de mon frère (ma sœur). ● ▲ ■

8 Lorsqu'on vante les qualités de mon frère (ma sœur) devant moi. ● ▲ ■

9 Lorsqu'on fait un cadeau à mon frère (ma sœur). ● ▲ ■

10 Lorsqu'on offre à mon frère (ma sœur) quelque chose dont j'ai envie. ● ▲ ■

11 Quand on fait des compliments à mon frère (ma sœur). ● ▲ ■

12 Quand ma mère (mon père) fait un câlin à mon frère (ma sœur). ● ▲ ■

13 Quand d'autres personnes s'intéressent à mon frère (ma sœur). ● ▲ ■

14 A l'idée d'avoir un frère ou une sœur. ● ▲ ■

15 Quand je dois partager quelque chose de bon avec mon frère (ma sœur). ● ▲ ■

16 Quand je dois partager une activité avec mon frère (ma sœur). ● ▲ ■

17 Quand on me demande d'aider mon frère ou ma sœur. ● ▲ ■

Jalousie à l'égard des copains

18 Quand un(e) camarade réussit mieux que moi en sport. ● ▲ ■

19 Quand un(e) camarade a de meilleures notes que moi. ● ▲ ■

20 J'ai l'impression que mes camarades préfèrent jouer avec les autres plutôt qu'avec moi. ● ▲ ■

21 J'ai l'impression que les professeurs préfèrent les autres élèves. ● ▲ ■

22 Quand un professeur complimente son chouchou. ● ▲ ■

23 Quand un(e) camarade porte des vêtements dont j'ai envie. ● ▲ ■

24 Quand un(e) camarade a plus d'argent de poche que moi. ● ▲ ■

25 Quand un(e) camarade a des bonbons ou des gâteaux. ● ▲ ■

26 Quand un(e) camarade possède un jeu dont j'ai très envie. ● ▲ ■

Jalousie à l'égard des adultes

27 Lorsque je ne peux pas faire quelque chose que les grandes personnes peuvent faire. ● ▲ ■

28 Lorsque je ne peux pas faire seul ce que les grandes personnes peuvent faire. ● ▲ ■

29 Quand je ne comprends pas quelque chose. ● ▲ ■

30 Quand je suis obligé(e) de demander l'autorisation pour aller quelque part ou faire quelque chose. ● ▲ ■

31 Quand je dois obéir à des grandes personnes. ● ▲ ■

Résultats

Un maximum de ●

Tu es un(e) vrai(e) jaloux (se). Tu es très sensible aux avantages dont bénéficient les autres et tu voudrais bien être à leur place. Cela te fait même souvent souffrir.
Essaie d'être objectif : tu as beaucoup de qualités et d'avantages. Les autres aussi peuvent être jaloux de toi !

Un maximum de ▲

Il t'arrive d'être jaloux, mais cela n'empoisonne pas ta vie. Tu contrôles assez bien les situations et tu parviens à te raisonner.
Tu sais bien que l'on ne peut pas tout avoir et que c'est à chacun son tour, même si parfois tu te sens impatient.

Un maximum de ■

Il semble que tu ignores les souffrances de la jalousie et c'est tant mieux !
Tu la ressens exceptionnellement.

Est-ce parce que tu te contentes de ce que tu as ou bien parce que tu sais que «tout vient à point à qui sait attendre» ?

Imprimé en Espagne
Dépôt légal : avril 2000